BEI GRIN MACHT SICH IHR WISSEN BEZAHLT

- Wir veröffentlichen Ihre Hausarbeit, Bachelor- und Masterarbeit
- Ihr eigenes eBook und Buch - weltweit in allen wichtigen Shops
- Verdienen Sie an jedem Verkauf

Jetzt bei www.GRIN.com hochladen und kostenlos publizieren

Bibliografische Information der Deutschen Nationalbibliothek:

Die Deutsche Bibliothek verzeichnet diese Publikation in der Deutschen Nationalbibliografie; detaillierte bibliografische Daten sind im Internet über http://dnb.d-nb.de/ abrufbar.

Dieses Werk sowie alle darin enthaltenen einzelnen Beiträge und Abbildungen sind urheberrechtlich geschützt. Jede Verwertung, die nicht ausdrücklich vom Urheberrechtsschutz zugelassen ist, bedarf der vorherigen Zustimmung des Verlages. Das gilt insbesondere für Vervielfältigungen, Bearbeitungen, Übersetzungen, Mikroverfilmungen, Auswertungen durch Datenbanken und für die Einspeicherung und Verarbeitung in elektronische Systeme. Alle Rechte, auch die des auszugsweisen Nachdrucks, der fotomechanischen Wiedergabe (einschließlich Mikrokopie) sowie der Auswertung durch Datenbanken oder ähnliche Einrichtungen, vorbehalten.

Impressum:

Copyright © 2011 GRIN Verlag
Druck und Bindung: Books on Demand GmbH, Norderstedt Germany
ISBN: 9783668640139

Dieses Buch bei GRIN:

https://www.grin.com/document/412995

Natalia Gubergritz

Frühkindlicher Erstspracherwerb. Ein- und Zweiwortäußerungen

GRIN Verlag

GRIN - Your knowledge has value

Der GRIN Verlag publiziert seit 1998 wissenschaftliche Arbeiten von Studenten, Hochschullehrern und anderen Akademikern als eBook und gedrucktes Buch. Die Verlagswebsite www.grin.com ist die ideale Plattform zur Veröffentlichung von Hausarbeiten, Abschlussarbeiten, wissenschaftlichen Aufsätzen, Dissertationen und Fachbüchern.

Besuchen Sie uns im Internet:

http://www.grin.com/

http://www.facebook.com/grincom

http://www.twitter.com/grin_com

Technische Universität Berlin

Fakultät I

Institut für Sprache und Kommunikation

Natalia Gubergritz

Frühkindlicher Erstspracherwerb.

Ein- und Zweiwortäußerungen

Seminar: Syntaktischer Wandel

WS 2010/ 2011

Inhalt

1. Einleitung 3
2. Sprachenwicklung beim Kind 3
3. Einwortäußerungen 5
4. Zweiwortäußerungen 6
5. Fehler 8
6. Fazit 9
7. Quellen 10

1. Einleitung

Menschen sind die einzigen Säugetiere auf unserem Planeten, die über die Fähigkeit verfügen, durch Sprache miteinander zu kommunizieren. Diese Fähigkeit ist zwar angeboren, jedoch muss das jeweilige Sprachsystem, welches jeder einzelne Mensch benutzen wird, also die jeweilige Sprache, erst erlernt werden. Der Spracherwerb ist Teil der kognitiven Entwicklung eines Kindes. Doch wie lernen Kinder Sprache? Strukturen, die für erwachsene Fremdsprachenlerner so gut wie unbezwingbar erscheinen, stellen für Kinder, die mit dieser Sprache aufwachsen absolut kein Problem dar. Wie können kleine Kinder, die sich erst im Prozess des Erstspracherwerbs befinden grammatische Sachverhalte korrekt produzieren, während Erwachsene, die diese Sprache lernen, diese manchmal sogar nie richtig verinnerlichen können. Wie kommt das? Wie funktioniert der Erstspracherwerbsprozess bei Kindern? Welche grammatischen Fehler machen sie und aus welchen Gründen? All diese Fragen sollen im Folgenden beantwortet werden. Zuerst wird die allgemeine Entwicklung der Sprache bei einem Kind erläutert, bevor auf die einzelnen Phasen und den Erwerb der Grammatik eingegangen wird.

2. Sprachenwicklung beim Kind

Die erste Spracherfahrung geschieht bereits im Mutterleib durch das Hören der mütterlichen Stimme und den Stimmen derer, die sie umgeben. Es werden vor allen Dingen prosodische Aspekte, Sprachrhythmus und Sprachmelodie wahrgenommen. Nach der Geburt erkennen Babys deshalb sofort die Stimme der Mutter. Die Neugeborenen „orientieren sich also von Geburt an auf lautliche Reize, die sprachlicher Natur sind." (SZAGUN, 2006:43) So lernen sie durch Zuhören die Sprache als Sprache zu identifizieren. Produktion von Sprachlauten geschieht allerdings erst einige Monate später. Die ersten Vokale und Silben werden mit ca. 2-4 Monaten erfasst, darauf folgt das sogenannte „kanonische Lallen", die Verdopplung und Wiederholung von Silben, die von Eltern oftmals als erste Worte missverstanden werden. So sind Eltern euphorisch, wenn ihre Sprösslinge im Alter von einigen Monaten zum ersten Mal *mama* oder *papa* sagen, sind sich der Tatsache allerdings nicht bewusst, dass noch keine semantische Intention dahinter steckt. Die Zuordnung von Bedeutung zu Wörtern entwickelt sich erst später. (O'GRADY, 2005) Obwohl die Sprachentwicklung beim Kind genauso individuell ist, wie die kognitive Entwicklung eines Menschen, beginnen Kinder im Durchschnitt mit ca. 12 Monaten ihre ersten bedeutungsvollen Wörter zu sprechen. Die

Kindersprache begrenzt sich zunächst auf Einwortäußerungen. Mit ca. 15 Monaten beläuft sich der Wortschatz auf etwa 10 Wörter. Danach steigt der Wortschatzerwerb rapide an. Mit ca. 18-24 Monaten erreicht der Wortschatz bereits ca. 50 Wörter und die Kinder fangen an Zweiwortäußerungen zu produzieren. (O'GRADY, 2005) Danach ist der Wortschatzerwerb so schnell, dass er sich schwer messen lässt.

„Whereas an eighteen-month-old child may learn only one or two new words a day, a four-year-old will often acquire a dozen, and a seven-year-old will pick up as many as twenty." (O'GRADY, 2005:2)

Auf der Ebene der Zweiwortäußerungen beginnt auch der Erwerb der Grammatik des jeweiligen Sprachsystems, welches das Kind erlernt. Wortstellung, Flektion und weitere grammatische Regeln werden ab diesem Zeitpunkt erworben. Mit etwa zwei Jahren steigert sich die Sprache des Kindes auf Drei- und Mehrwortäußerungen und mit ca. drei Jahren entwickeln Kinder die kognitive Kompetenz komplexe sprachliche Strukturen zu produzieren. Diese Phasen werden natürlich nicht abrupt gewechselt, sondern in einem allmählichen Prozess, der bei jedem Menschen auch individuell verläuft. (SZAGUN, 2006) Allgemein kann jedoch gesagt werden, dass zwischen ca. 1,5 und 4 Jahren der Erwerb der Grammatik vollständig geschieht. (SZAGUN, 2006) Anders als bei erwachsenen Fremdsprachenlernern erfolgt der Grammatikerwerb bei Kindern unbewusst und nahezu mühelos.

Um diesen Prozess wissenschaftlich untersuchen zu können, müssen zuerst sprachliche Daten einiger Probanden, also untersuchten Kinder, gesammelt werden. Dies kann auf unterschiedlichen Wegen geschehen. Zum einen können Sprechbeispiele der Kinder durch Tagebuchaufzeichnungen der Eltern festgehalten werden. Allerdings wird dies mit steigendem Alter und wachsendem Wortschatz immer schwieriger. Sinnvoller ist es den kindlichen Spracherwerb durch sogenannte „spontane Sprechdaten" (SZAGUN, 2006) zu erforschen. Dabei werden die Kinder über einen längeren Zeitraum in natürlicher Umgebung beobachtet, also beim Spielen, zusammen mit Erwachsenen, die sich nicht nur mit den Kindern, sondern auch untereinander unterhalten. (SZAGUN, 2006)[1] Die aufgenommenen Unterhaltungen werden transkribiert und dienen als Basis für nachfolgende Analysen. Bevorzugt werden die Daten in ein, unter Sprachwissenschaftlern bekanntes Computersystem eingegeben, welches oft und gerne für Bespieldaten zur Kindersprache verwendet wird: das CHILDES System. (SZAGUN, 2006). Auch Gisela Szagun, an deren Untersuchungen diese

---

[1] Die Sprechdaten werden durch Ton- und Videoaufnahmen gesammelt. Diese müssen die beste Tonqualität haben, denn „gerade für die Untersuchung des Grammatikerwerbs ist es wichtig zu hören, ob eine Endung gesprochen wurde oder nicht." (SZAGUN, 2006:60)

Arbeit angelehnt ist, benutzt dieses System zum Festhalten der Untersuchungsergebnisse. Die von Szagun geleitete Arbeitsgruppe „Oldenburg Corpora" stellt mit 22 untersuchten Kindern wohl die „umfassendste Datenerhebung zum Spracherwerb des Deutschen" (SZAGUN, 2006:64) dar, denn das Englische wurde in der Vergangenheit weitaus intensiver untersucht als das Deutsche.

Nachdem der allgemeine Spracherwerb bei Kindern und die Methodik zu dessen Untersuchung umrissen wurden, möchte ich mich nun den einzelnen Entwicklungsstufen im Detail widmen. Insbesondere möchte ich dabei auf die ersten beiden wichtigen Phasen eingehen, die Ein- und Zweiwortäußerungen, da diese von besonderer Wichtigkeit für die kognitive Entwicklung eines Menschen sind.

3. Einwortäußerungen

Wenn ein Kind anfängt zu sprechen, das heißt Laute mit semantischer Intention von sich zu geben, so sind es zunächst einfache Einwortäußerungen. Zunächst sind diese Äußerungen keine Wörter, sondern „wortähnliche Vokalisierungen" (SZAGUN, 2006:65) wie zum Beispiel „*hap; gogo; iba; aich; alutschi*" (SZAGUN, 2006:65). Das Alter in dem Kinder tatsächlich beginnen Wörter zu produzieren, ist sehr individuell und unterschiedlich, allerdings liegt der Durchschnitt bei etwa 12-15 Monaten. (SZAGUN, 2006) Meist sind diese Wörter Nomen, Partikel und Demonstrativa, eher selten kommen Adjektive und Verben vor. Beispiele für typische kindliche Einwortäußerungen im Deutschen bringt SZAGUN: „*auto; mama; katze; schuh; (ele)fant; papa; baby; ab; auf; mehr; auch; da; hier; ja; nein; puste; heiß*" (2006:65)

Das Negationswort „NEIN" ist bereits vorhanden, bedeutet in dieser Phase allerdings nicht die Negation von Sachverhalten, sondern es ist „volitional". Mit diesem Ausdruck will man sagen, dass die Aussage „*NEIN*" „bedeutet, dass das Kind etwas abwehrt oder ablehnt" (SZAGUN, 2006:65), es beschreibt eine negative Haltung des Kindes bezüglich eines bestimmten Sachverhalts. Um Fragen deutlich zu machen, benutzen Kinder in diesem Alter auch schon eine Frageintonation, wenn auch noch keine syntaktischen Strukturen. Diese werden erst in der darauffolgenden Phase gebildet, den Zweiwortäußerungen. Allerdings fangen Kinder in dieser Phase bereits an Flektionsendungen zu lernen. Suffixe fallen ihnen dabei leichter als Präfixe, da laut SLOBINs Operationsprinzipien, die Aufmerksamkeit beim Hören und Dekodieren von Sprachsignalen aufs Wortende gerichtet wird. (SLOBIN, 1985)

4. Zweiwortäußerungen

Die Syntax einer menschlichen Sprachäußerung konstituiert sich aus der grammatischen Bedeutung dieser Äußerung. Diese wiederum umfasst die Funktion der einzelnen Satzelemente, sowie deren Beziehungen untereinander. (SZAGUN, 2006) Diese sind in der Erwachsenensprache notwendig um den intendierten Sachverhalt verständlich zu machen und Äußerungen anderer zu verstehen. „There is considerable incentive, then, for children to learn how to create sentences, and it doesn't take them long to get started. " (O'GRADY, 2005:80)

Bei Kindern beginnt der Erwerb der grammatischen Bedeutung auf der Ebene der Zweiwortäußerungen, also im Alter von ca. 18-24 Monaten. Die Zweiwortäußerungen stellen bereits erste einfache Sätze dar, denn ein Satz ist die Kombination von mindestens zwei Wörtern in richtiger Reihenfolge. (O'GRADY, 2005) Je nach Kontext sind allerdings unterschiedliche Bedeutungen einer Äußerung möglich. Die Bedeutungen der Zweiwortäußerungen lassen sich in Kategorien unterteilen. SZAGUN unterscheidet dabei zwischen folgenden Kategorien:

- Demonstrativ/ Adverb und Objekt/ Person:
  a) Vorhandensein: *da auto, mami da, da brille, da flasche*
  b) Nicht-Vorhandensein: *füße weg, weg auto, weg teddy*
  c) Wieder-Vorhandensein: *mehr milch, nochmal sitzen*

- Handlungsträger und Handlung: *baby wein, opa essen, ich lesen*

- Objekt und Handlung: *musik haben, das mach, ringelreihe machen*

- Besitzer und Besitz: *dani tasse, titas wauwau, mones puppe*

- Person/ Objekt und Lokalisierung: *karre rein, rauf lok, rein stuhl, teddy arm*

- Handlung und Lokalisierung: *pferd rein, raus katze, mund reintun, ab soll*

- Attribution: *hexe krank, schaukel putt, großer fisch*

- Analogie: *auch miau, schal auch*

- Wunsch/ Aufforderung (kommunikativ-pragmatische Kategorie): *maxe auch, will das, wasser haben*
(SZAGUN, 2006:68; SZAGUN, 1993)

Da Kinder diese Bedeutungskategorien gut unterscheiden können und kaum semantische Fehler machen, kann man sagen, dass sie bereits im Alter von zwei Jahren ein Wissen über die Existenz von Objekten in der außersprachlichen Welt haben.

„Bei Kindern zu Beginn des Spracherwerbs könnte es sich dabei um die Fähigkeit handeln, Objekte als vom Selbst getrennt existierend in der Welt zu erkennen und sie durch [sprachliche] Symbole zu repräsentieren." (SZAGUN, 2006:69) Diese Trennung von Selbst, Objekt und Handlung wird auf der Ebene der Zweiwortäußerungen vorausgesetzt.

Die Wortstellung ist in dieser Phase aber variabel, was am Sprachsystem des Deutschen liegen könnte, da sowohl Subjekt als auch Objekt normalerweise durch Kasusmarkierungen gekennzeichnet sind. (SZAGUN, 2006) Im Englischen ist dies zum Beispiel bereits in dieser frühen Phase anders. Dort „wird die Endstellung des Verbs bevorzugt." (SZAGUN, 2006) Das könnte daran liegen, dass die Aufmerksamkeit des Kindes sowohl beim Zuhören als auch beim Sprechen ans Satzende gerichtet ist. Das Kind lernt nämlich sehr schnell, dass die bedeutungsrelevante Information sich im Englischen meist am Ende eines Satzes befindet. (Slobin, 1985) Im Englischen ist der Kasus nicht durch Flektion markiert, die Wortstellung also fest und englischsprachige Kleinkinder benutzen die korrekte Wortstellung in 95% der Fälle. (O'GRADY, 2005)

Bei deutschen Kleinkindern beginnen laut der Arbeitsgruppe Oldenburg Corpora bereits auf dieser Ebene erste morphologische Markierungen der Grammatik. Pluralformen der Nomen kommen bereits vor, wie zum Beispiel „*beine, enten, katzen*" (SZAGUN, 2006) Auch erste Kasusmarkierungen treten auf, so zum Beispiel das Genitiv *–s*. Als einen der wichtigsten Gründe für das frühe Auftreten dieser grammatischen Formen nennt SLOBIN (1985) die Häufigkeit des Vorkommens dieser Phänomene in der Erwachsenensprache. Artikel kommen eher selten vor, allerdings sind diese, wenn sie denn in der Kindersprache vorhanden sind, oft schon nach dem Genus markiert. Kinder benutzen auf der Ebene der Zweiwortäußerungen außerdem des Öfteren genusmarkierte Adjektive. Diese werden in den meisten Fällen korrekt angewendet. (SZAGUN, 2006) Auch Verben werden bereits gebraucht, allerdings nicht flektiert, sondern in ihrem Infinitiv oder einer infinitivähnlichen Form, die auf *–e* endet, z.B.: *schaf setze, wasser habe*. (SZAGUN, 2006) Im Englischen werden hier auch schon Fragewörter benutzt. Meistens sind es die Wörter „*where?*" und „*what?*" da diese in der an Kinder gerichteten Sprache der Erwachsenen, bzw. in der Rede, die in unmittelbarer Umgebung der Kinder benutzt wird, sehr häufig vorkommt. (O'GRADY, 2005)

5. Fehler

Obwohl schon in der frühkindlichen Sprachentwicklung grammatische Formen meist korrekt gebraucht werden, so kommen ab und zu doch charakteristische Fehler vor. Da die meisten sprachwissenschaftlichen Untersuchungen sich mit dem Erwerb des Englischen beschäftigen, liegen auch zu den Fehlern, die Kinder machen mehr englische Daten vor, als deutsche. Allerdings konnte die Arbeitsgruppe Oldenburg Corpora auch einige deutsche Sprachfehlerdaten sammeln.

Im Englischen ist einer der häufigsten Kinderfehler derjenige, dass notwendige Worte ausgelassen werden. Laut SLOBIN (1985) hängt die Auswahl der Wörter damit zusammen, wie relevant sie für die Bedeutung sind. So fehlt das Verb relativ selten, das direkte Objekt fehlt öfter, und am meisten kommt ein fehlendes Subjekt vor. (O'GRADY, 2005:90) Ein Grund dafür könnte sein, dass Subjekte auf etwas referieren, was im vorangegangenen Kontext bereits erwähnt wurde, und deshalb als semantisch überflüssig erscheinen. (O'GRADY, 2005) Eine weitere Erklärung bietet die sogenannte „bottleneck theory":

„The basic idea is that building a complete sentence makes too many demands on beginners – they have to find the right word, combine it with another word, get them in the right order, and then repeat the process for the next word. As a result, their circuits get overloaded, and not all words that they intend to say make their way into sentences [or utterances]." (O'GRADY, 2005:91)

Weitere Fehler im Englischen können sein: die fehlende Tempusmarkierung, das fehlende Plural –s, das nicht vorhandene Hilfsverb be^2, die fehlende Possessivmarkierung – 's und ein fehlender (in)definiter Artikel, wobei Kinder sehr wohl Artikel wahrnehmen und unterscheiden können. (O'GRADY, 2005:92) Wichtige Faktoren für den Grad an Fehlerhaftigkeit in der Kindersprache sind also „regularity, frequency [of use in adult language], phonetic visibility and semantic transparancy." (O'GRADY, 2005:95)

Auch im Deutschen machen Kinder, die sich mitten im Spracherwerbsprozess befinden Fehler. Theorien dass der definite bzw. indefinite Artikel mit den Kürzeln *de* und *'n* abgekürzt werden, konnte die Arbeitsgruppe Oldenburg Corpora nicht bestätigen. (SZAGUN, 2006) Allerdings ist eine Übergeneralisierung der Endung *–e* bei Adjektiven recht häufig. Beispiele dafür sind: „*große haus, große bagger, große fant.*" (SZAGUN, 2006:71) Eine Erklärung könnte in der überwiegend schwachen Deklination in der Erwachsenensprache liegen, kann

---

[2] Dabei ist anzumerken, dass Kinder unabhängig von der jeweiligen Sprachumgebung, in der sie aufwachsen, besonders zu Beginn sehr selten Hilfsverben benutzen. Sie kombinieren Nomen eher mit Verben, die einen für die Aussage semantisch relevanteren Inhalt tragen, um ihre Intention deutlich zu machen. (O'GRADY, 2005)

aber nicht mit hundertprozentiger Sicherheit gegeben werden. Auch die Verben werden eher selten in ihrer grammatikalisch korrekten Form gebraucht. Neben dem bereits erwähnten Infinitiv und der infinitivähnlichen Sonderform „findet sich auch nur der Verbstamm wie in *das mach.*" (SZAGUN, 2006:71) Ab und zu bilden Kinder auf der Ebene der Zweiwortäußerungen schon das Partizip Perfekt, allerdings geschieht dies meist ohne den korrekten Präfix *ge-*, sondern es wird entweder gar nichts oder nur ein *e-* affigiert, wie in *funden* und *zumacht*. (SZAGUN, 2006:72)

6. Fazit

Wie wir gesehen haben geschieht die sprachliche, genauso wie die kognitive Entwicklung beim Kind nicht abrupt, sondern ist ein allmählicher Prozess. Obwohl dieser individuell vor sich geht, kann man doch einzelne, ineinander überfließende Phasen unterscheiden und ein durchschnittliches Alter dieser Phasen umreißen. Beginnend mit kanonischem Lallen, fangen Kinder etwa mit 12 – 15 Monaten Einwortäußerungen von sich zu geben und können sich mit diesen einigermaßen verständigen. Der Wortschatz und das Mitteilungsbedürfnis wachsen jedoch stetig, also beginnen schon bald die Zweiwortäußerungen. Auf dieser Ebene beginnt die Entwicklung der Syntax und erste grammatische Zusammenhänge werden erworben. Allerdings reicht auch das den Kindern schon bald nicht mehr. Schließlich wollen auch sie sich genauso verständigen, wie die Erwachsenen es tun. Im Alter von ca. zwei Jahren, beginnen Drei- und Mehrwortäußerung, aus denen sich mit der Zeit komplexe Satzstrukturen entwickeln. In dieser Arbeit bin ich nur auf die ersten beiden Phasen detailliert eingegangen, da diese von besonderer Wichtigkeit sind. In einem weiteren Untersuchungsverlauf müsste man die Drei- und Mehrwortäußerungen erforschen, die grammatischen Strukturen, die sich in dieser Phase herausbilden, sowie die Fehler die Kinder in den einzelnen Sprachen auf dieser Ebene machen. Außerdem bleibt eine hinreichende Erklärung dafür, warum Kinder diese Fehler machen weitgehend aus. Warum lernen sie einige Strukturen schnell und wenden sie korrekt an, während andere ihnen noch einige Jahre Probleme bereiten? Dies konnte hier nicht beantwortet werden und muss durch weitere Forschung geklärt werden.

Zum Abschluss ist nun noch zu sagen, dass obwohl die syntaktischen Strukturen in den Sprachen verschieden sind, und die konkreten Fehler und Äußerungen der Kinder unterschiedlich, so ist die semantische Intention, sowie der Entwicklungsverlauf des Spracherwerbs kein kulturspezifisches Verhalten, sondern überall auf der Welt gleich.

7. Quellen

O'Grady, W. (2006). *How children learn language.* Cambridge: Cambridge University Press.

Slobin, D. I. (1985). *The child as linguistic icon-maker.* In J. Haiman (Ed.), *Iconicity in syntax* (pp. 221-248). Amsterdam/Philadelphia: John Benjamins

Szagun, G. (1993). *Sprachentwicklung beim Kind.* Weinheim: Psychologie-Verlag-Union

Szagun, G. (2006). *Sprachentwicklung beim Kind.* Weinheim und Basel: Beltz Verlag

BEI GRIN MACHT SICH IHR WISSEN BEZAHLT

- Wir veröffentlichen Ihre Hausarbeit, Bachelor- und Masterarbeit

- Ihr eigenes eBook und Buch - weltweit in allen wichtigen Shops

- Verdienen Sie an jedem Verkauf

Jetzt bei www.GRIN.com hochladen und kostenlos publizieren